Johann Sebastian Bach

KEYBOARD MUSIC

THE BACH-GESELLSCHAFT
EDITION

DOVER PUBLICATIONS, INC.
NEW YORK

Published in Canada by General Publishing Company, Ltd., 30 Lesmill Road, Don Mills, Toronto, Ontario.
Published in the United Kingdom by Constable and Company, Ltd., 10 Orange Street, London WC 2.

This Dover edition, first published in 1970, is an unabridged republication of *Johann Sebastian Bach's Clavierwerke,* Volume 13.2 (pp. 3-86, 89-127) and Volume 3 (pp. 46-136, 263-308, 1-42) originally published by the Bach-Gesellschaft, Leipzig, in 1863 and 1853, respectively.
The publisher is grateful to the Sibley Music Library of the Eastman School of Music, Rochester, N. Y., for making its material available for reproduction.

Standard Book Number: 486-22360-4
Library of Congress Catalog Card Number: 71-104808

Manufactured in the United States of America
Dover Publications, Inc.
180 Varick Street
New York, N.Y. 10014

Contents

Six English Suites

Sechs Suiten.

A dur, A moll, C moll, F dur, C moll, D moll.

SUITE I.

Prélude.

Allemande.

Courante I.

Courante II.
avec deux Doubles.

Double I.

Double II.

Sarabande.

Bourrée I.

Bourrée II.

Gique.

SUITE II.

Prélude.

22 [22]

Allemande.

Courante.

Sarabande.

Les agréments de la même Sarabande.

Bourrée I.
(alternativement.)

Bourrée II.

Gique.

Da Capo
dal Segno ※
(senza repetizione)
al Fine.

SUITE III.

Prélude.

Allemande.

Courante.

Sarabande.

Les agréments de la même Sarabande.

38 [38]

Gavotte I.
(alternativamente.)

Gavotte II.
(ou la Musette.)

B.W. XIII. (2)

Gique.

SUITE IV.

Prélude.

Allemande.

48 [48]

Courante.

Sarabande.

Menuet I.

Menuet II.

Gique.

SUITE V.

Prélude.

Allemande.

Courante.

Sarabande.

Passepied I.
(en Rondeau.)

Passepied II.

Gique.

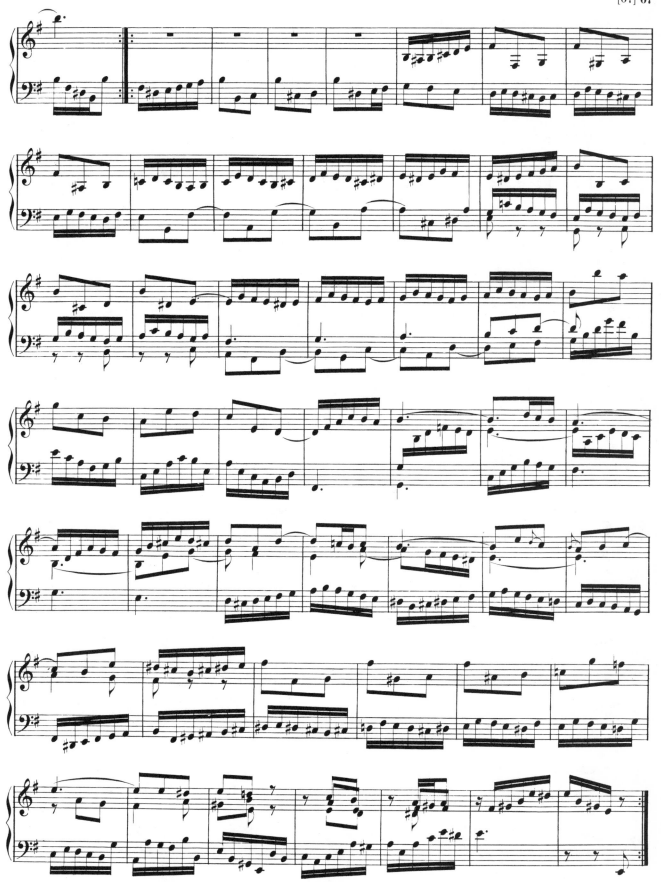

SUITE VI.

Prélude.

Allemande.

Courante.

Sarabande.

Double.

Gavotte I.

Gavotte II.

Gique.

85[85] 85

86 [86]

Six French Suites

Sechs Suiten.

D moll, C moll, H moll, Es dur, G dur, C dur.

SUITE I.

Allemande.

Courante.

Sarabande.

Menuet I.

Menuet II.

Gique.

SUITE II.

Allemande.

Courante.

Sarabande.

Air.

Menuet.

Gique.

SUITE III.

Allemande.

Courante.

Sarabande.

Menuet.

Trio.

Menuet da Capo.

Gavotte.

Gique.

SUITE IV.

Allemande.

Courante.

Sarabande.

Gavotte.

Air.

110 [110]

Gique.

SUITE V.

Allemande.

Courante.

Sarabande.

Gavotte.

Bourrée I.

Bourrée II.

Gique.

SUITE VI.

Allemande.

Courante.

Sarabande.

Gavotte.

Polonaise.

Bourrée.

Menuet.

Gique.

Six Partitas

(Clavierübung part I)

PARTITA I.

Praeludium.

Allemande.

Courante.

Sarabande.

Menuet I.

Menuet II.

Gique.

PARTITA II.

Sinfonia.

Grave. Adagio.

Andante.

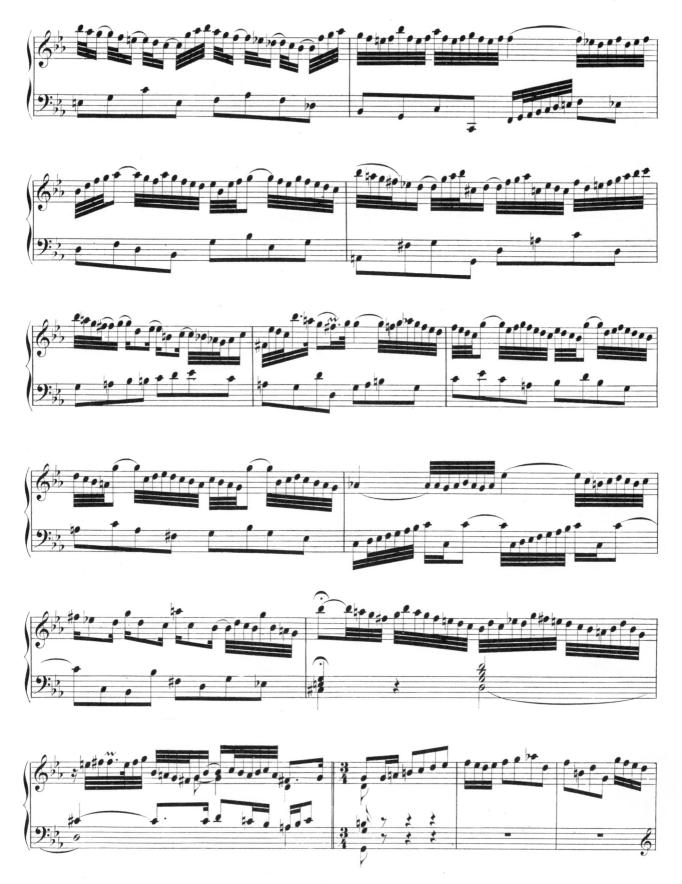

Allemande.

Courante.

Sarabande.

Rondeau.

Capriccio.

PARTITA III.

Fantasia.

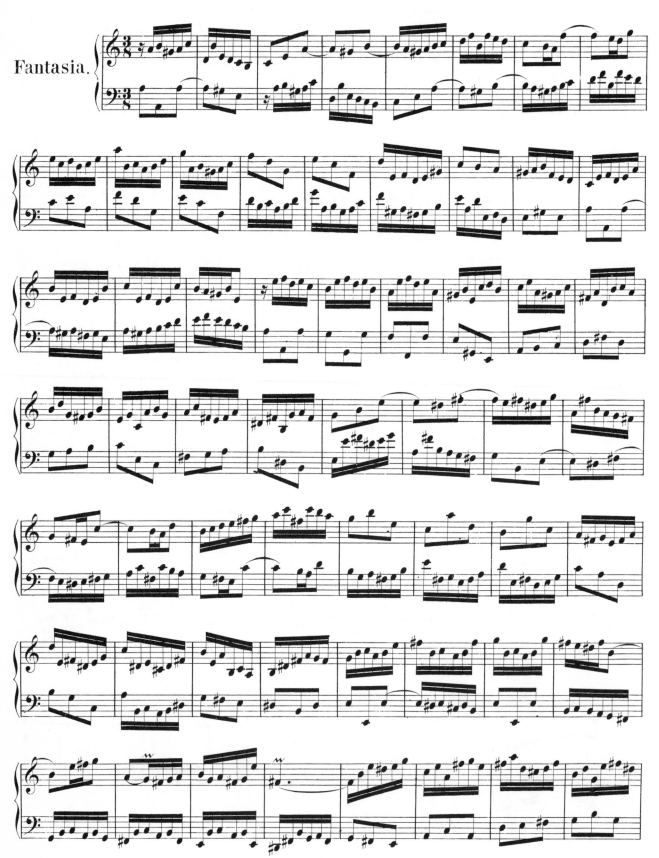

Allemande.

Courante.

Sarabande.

Burlesca.

Scherzo.

Gique.

PARTITA IV.

Ouverture.

Allemande.

Courante.

Aria.

Sarabande.

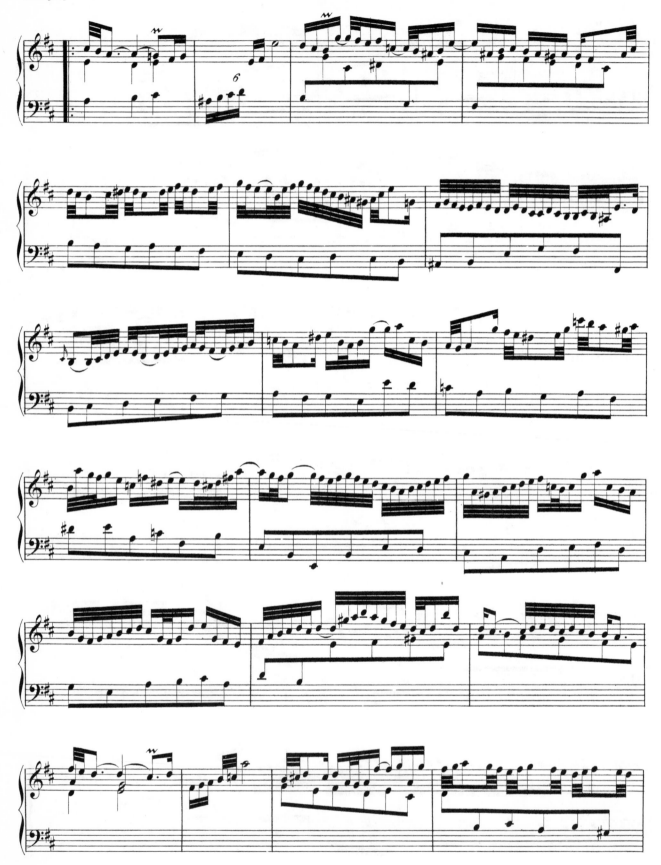

Menuet.

Gique.

PARTITA V.

Praeambulum.

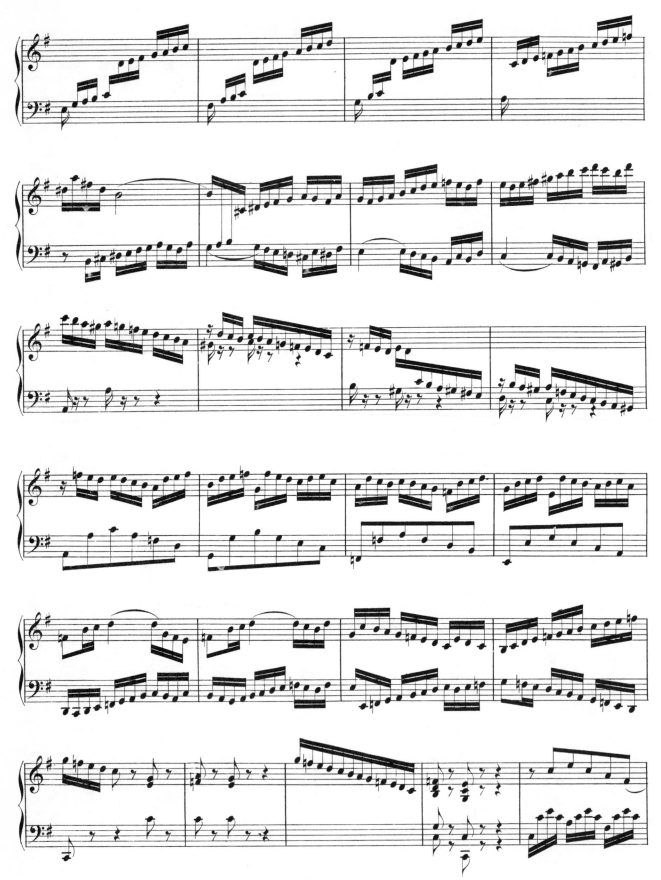

Allemande.

Courante.

Sarabande.

Tempo di
Minuetto.

Passepied.

Gique.

PARTITA VI.

Toccata.

Allemande.

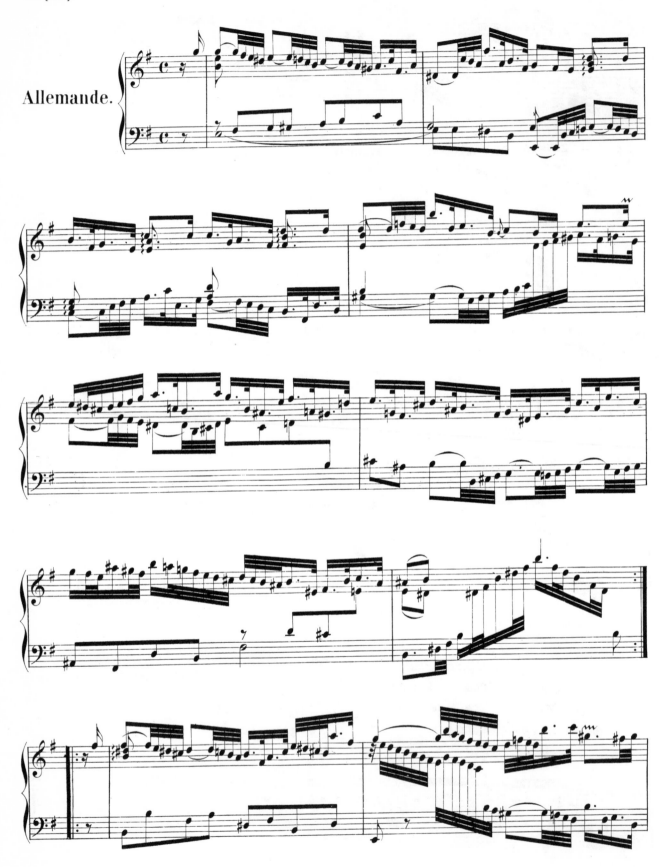

Courante.

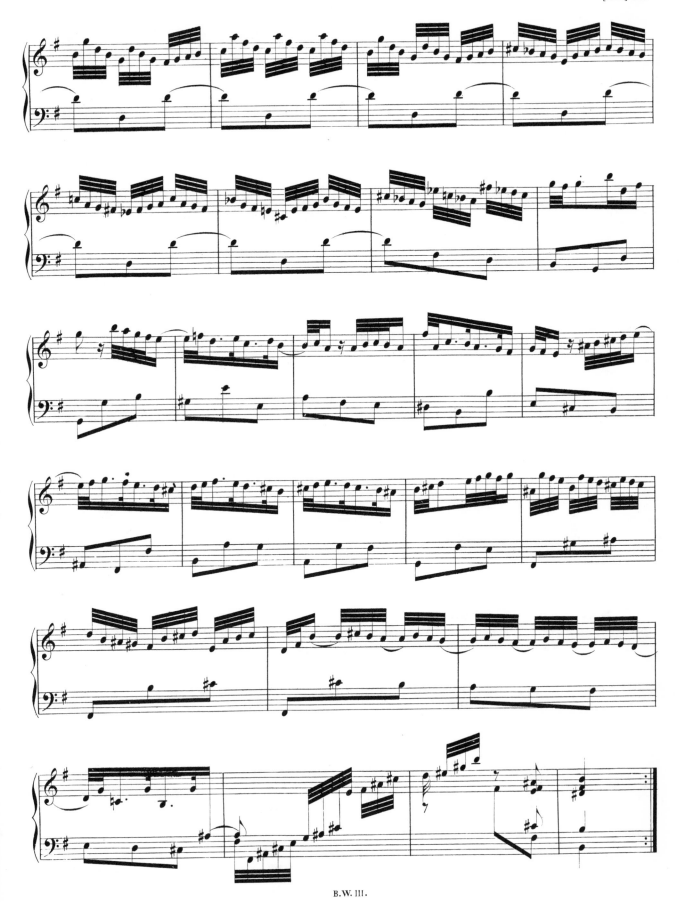

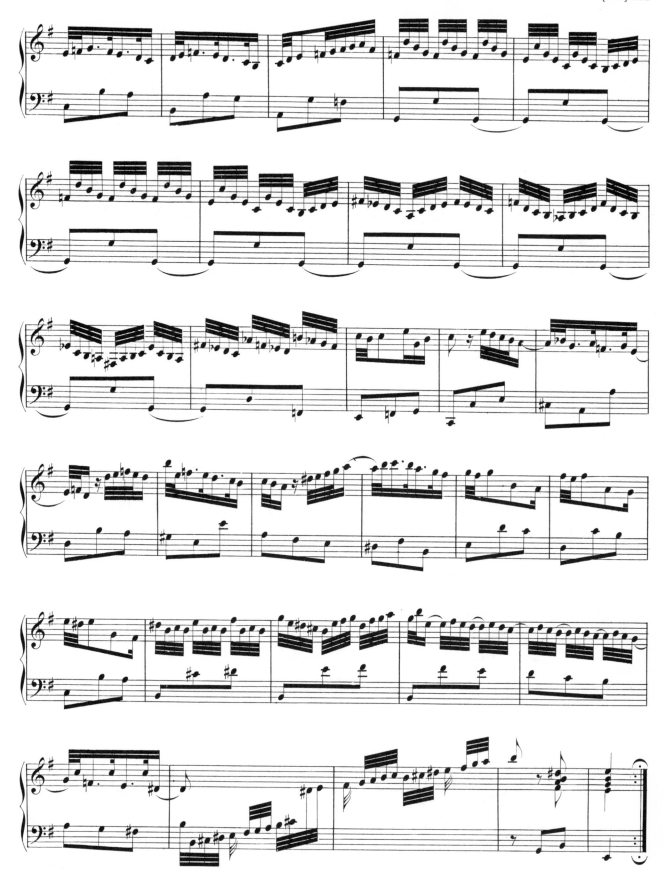

Air.

Sarabande.

214 [130]

Tempo di Gavotta.

Gique.

Goldberg Variations

(Clavierübung part IV)

Clavierübung.

Vierter Theil.

Aria mit 30 Veränderungen.

ARIA.

Variatio 4. a 1 Clav.

Variatio 2. a 1 Clav.

Variatio 3. Canone all' Unisono. a 1 Clav.

Variatio 4. a 1 Clav.

Variatio 5. a 1 ovvero 2 Clav.

Variatio 6. Canone alla Seconda. a 1 Clav.

Variatio 7. a 1 ovvero 2 Clav.

Variatio 8. a **2** Clav.

Fifteen Two-Part Inventions
and
Fifteen Three-Part Sinfonias

Variatio 9. Canone alla Terza. a 1 Clav.

234 [274]

Variatio 10. Fughetta. a 1 Clav.

Variatio 11. a 2 Clav.

Variatio 12. Canone alla Quarta.

Variatio 13. a 2 Clav.

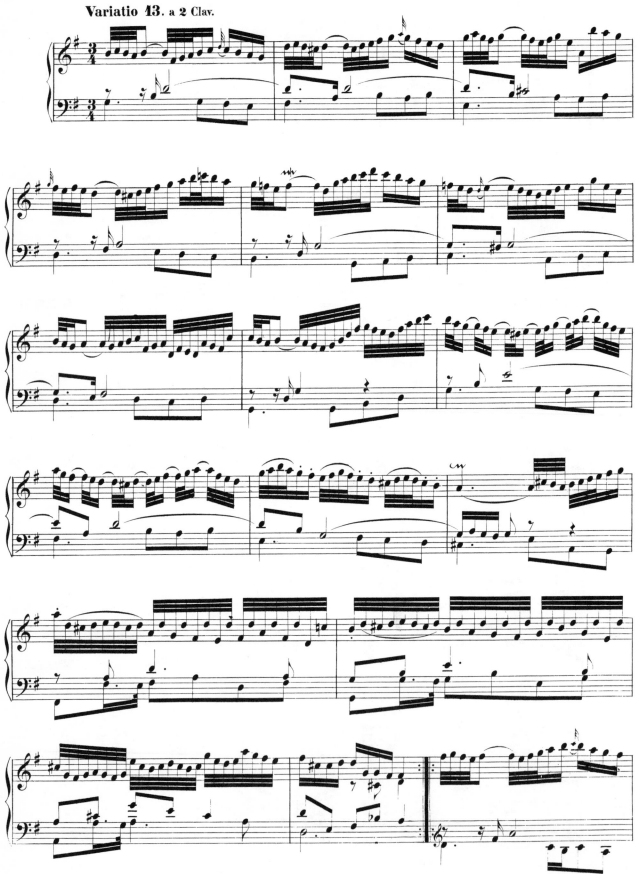

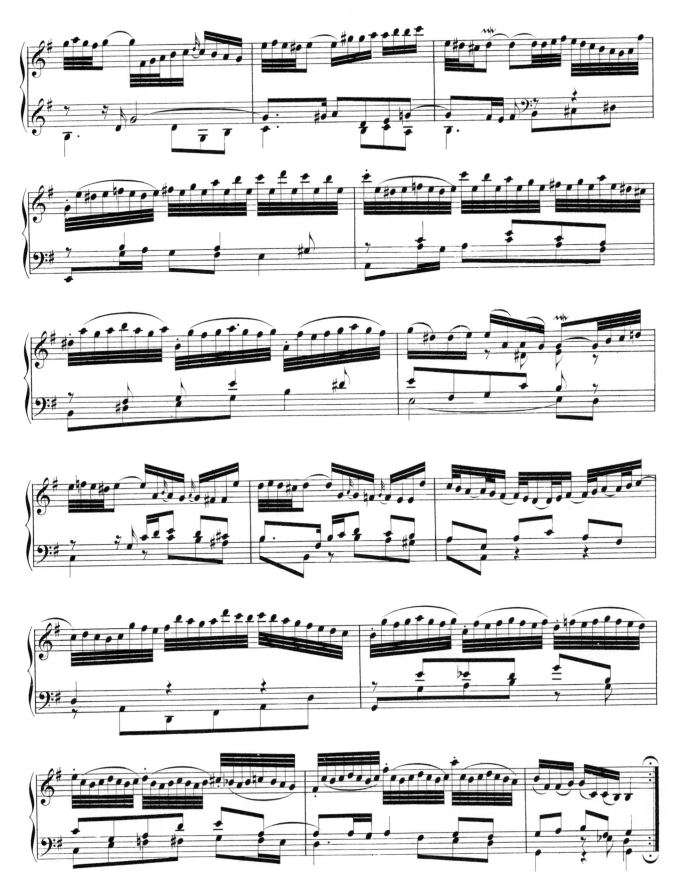

Variatio 14. a **2** Clav.

Variatio 15. Canone alla Quinta. a 1 Clav.
(in moto contrario)

Andante.

Variatio 16. Ouverture. a 1 Clav.

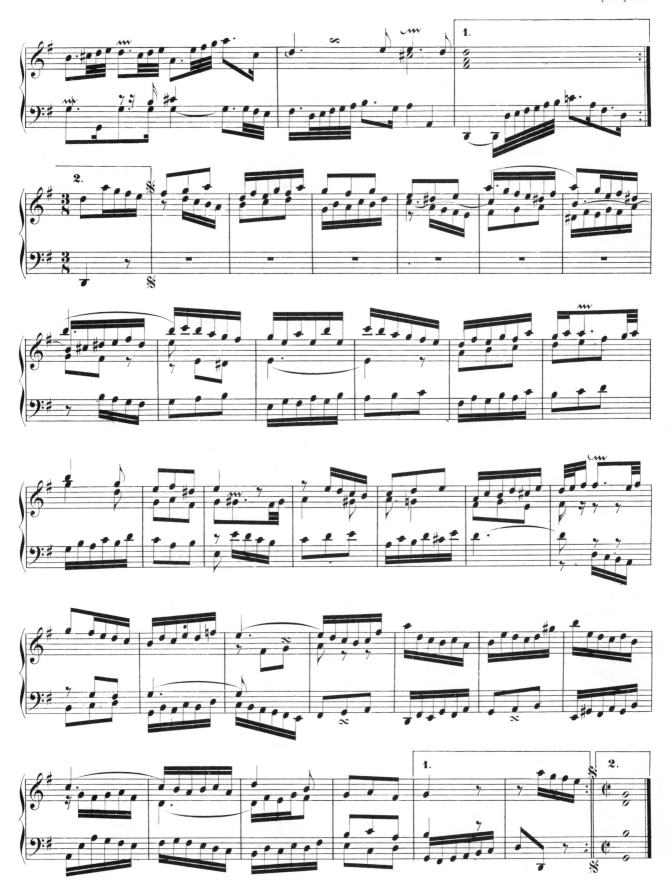

Variatio 17. a 2 Clav.

Variatio 18. Canone alla Sesta. a 1 Clav.

Variatio 19. a 1 Clav.

Variatio 20. a 2 Clav.

Variatio 21. Canone alla Settima.

Variatio 22. a 1 Clav.
Alla breve.

Variatio 23. a **2** Clav.

Variatio 24. Canone all'Ottava. a 1 Clav.

Variatio 25. a 2 Clav.

Variatio 26, a 2 Clav.

Variatio 27. Canone alla Nona. a 1 Clav.

Variatio 28. a 2 Clav.

Variatio 29. a 1 ovvero 2 Clav.

Variatio 30. Quodlibet. a 1 Clav.

Aria da Capo e Fine.

Funfzehn Inventionen

und

Funfzehn Symphonien.

Inventio 1.

Inventio 2.

Inventio 3.

Inventio 4.

Inventio 5.

Inventio 6.

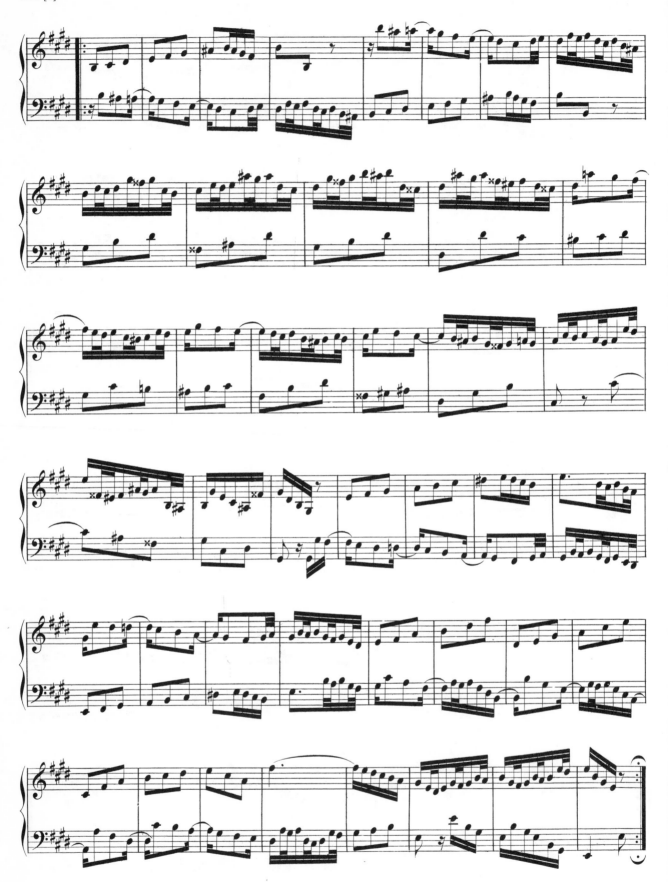

Inventio 7.

Inventio 8.

Inventio 9.

Inventio 10.

Inventio 11.

Inventio 12.

Inventio 13.

Inventio 14.

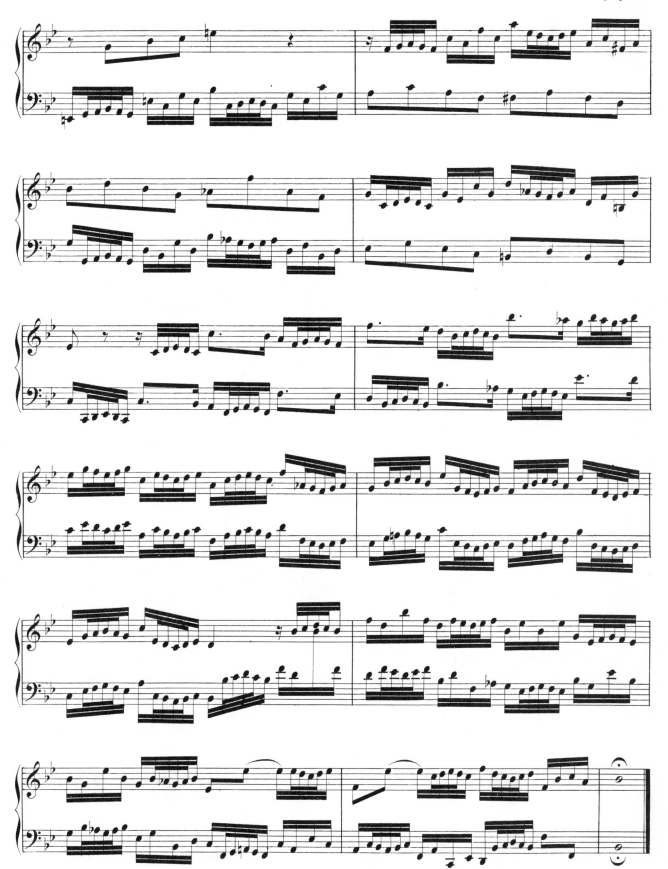

Inventio 15.

Sequuntur adhuc XV Sinfoniae tribus vocibus obligatis.

Sinfonia 1.

Sinfonia 2.

Sinfonia 3.

Sinfonia 4.

Sinfonia 5.

Sinfonia 6.

Sinfonia 7.

Sinfonia 8.

Sinfonia 9.

Sinfonia 10.

Sinfonia 11.

Sinfonia 12.

Sinfonia 13.

Sinfonia 14.

Sinfonia 15.